CATALOGUE
DE
LIVRES RARES
ET PRÉCIEUX
ANCIENS & MODERNES

RICHES RELIURES

OUVRAGES SUR LES BEAUX-ARTS

LES BELLES-LETTRES ET L'HISTOIRE

Dont la vente aura lieu le Lundi 18 *Mai* 1874

A UNE HEURE ET DEMIE TRÈS-PRÉCISE

HOTEL DES COMMISSAIRES-PRISEURS

RUE DROUOT, SALLE N° 5

Par le ministère de Me DELBERGUE-CORMONT, Commissaire-Priseur, rue de Provence, 8

EXPOSITION PUBLIQUE LE DIMANCHE 17 MAI

DE 2 HEURES A 4 HEURES.

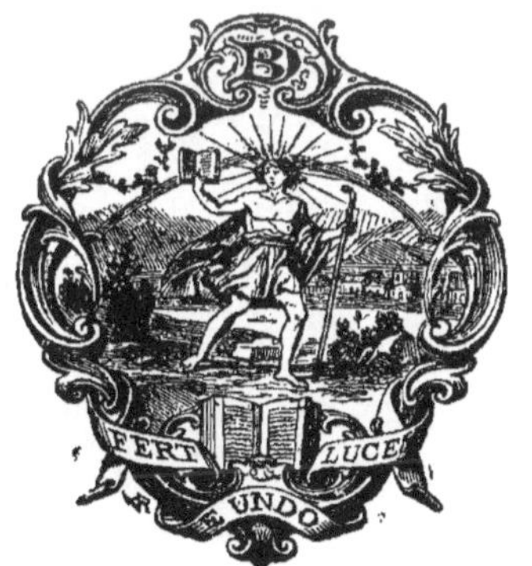

PARIS
LIBRAIRIE BACHELIN-DEFLORENNE
3, quai Malaquais, 3
SUCCURSALE : LIBRAIRIE DE L'OPÉRA
10, boulevard des Capucines.

1874

Paris. — Imprimerie Gauthier-Villars, 55, quai des Grands-Augustins.
2550-74.

CATALOGUE

DE

LIVRES RARES

ET PRÉCIEUX

ORDRE DE LA VACATION

N° 144 à la fin.
— 1 à 143.

CONDITIONS DE LA VENTE

Les acquéreurs payeront 5 pour 100 en sus des enchères.

Les livres vendus devront être collationnés sur place dans les vingt-quatre heures de l'adjudication. Passé ce délai, ou une fois sortis de la salle de vente, ils ne seront repris pour aucune cause.

Les commissions seront reçues à la Librairie Bachelin-Deflorenne, 3, quai Malaquais, aux conditions d'usage.

CATALOGUE

DE

LIVRES RARES

ET PRÉCIEUX

ANCIENS & MODERNES

RICHES RELIURES

OUVRAGES SUR LES BEAUX-ARTS

LES BELLES-LETTRES ET L'HISTOIRE

Dont la vente aura lieu le Lundi 18 *Mai* 1874

A UNE HEURE ET DEMIE TRÈS-PRÉCISE

HOTEL DES COMMISSAIRES-PRISEURS

RUE DROUOT, SALLE N° 5

Par le ministère de Me DELBERGUE-CORMONT, Commissaire-Priseur, rue de Provence, 8

EXPOSITION PUBLIQUE LE DIMANCHE 17 MAI

DE 2 HEURES A 4 HEURES.

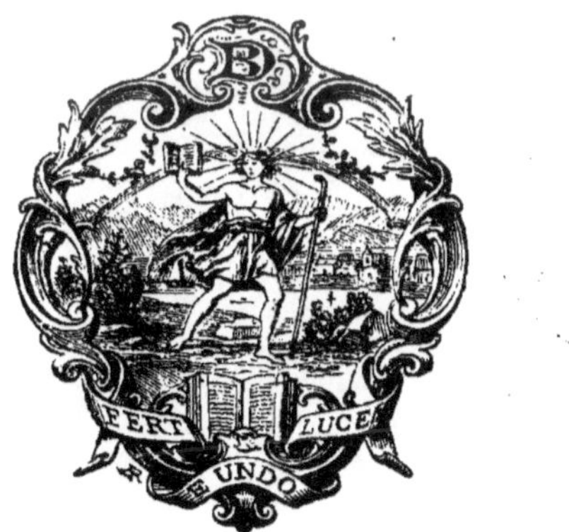

PARIS

LIBRAIRIE BACHELIN-DEFLORENNE

3, quai Malaquais, 3

SUCCURSALE : LIBRAIRIE DE L'OPÉRA

10, boulevard des Capucines.

1874

CATALOGUE

DE

LIVRES RARES

ET PRÉCIEUX

THÉOLOGIE

1. BIBLIA SACRA, Vulgatæ editionis. *Parisiis, excudebat Antonius Vitré*, 1652, 8 vol. in-12, maroq. rouge, fil., dos orné, tr. dor. (*Duseuil.*)

   Chef-d'œuvre d'impression. La reliure est uniforme, sauf pour le tome IV, qui a été remboîté, mais dans le même style que les autres volumes. Cet exemplaire est *réglé* et très-beau de marges.

2. La sainte Bible, traduction nouvelle selon la Vulgate, par Bourassé et P. Janvier, dessins de Gustave Doré. *Tours*, *Mame*, 1866, 2 vol. in-fol., demi-rel. mar. rouge, plats toile, tr. dor.

   Très-bel exemplaire du premier tirage.

3. Histoire du Vieux et du Nouveau Testament, représentée avec des figures et des explications édifiantes par le sieur de Royaumont. *Paris*, *P. Le Petit*, 1683, in-4, v. (*Anc. rel.*)

   Ouvrage estimé, renfermant près de 250 gravures sur cuivre imprimées dans le texte et à mi-page. Belles épreuves.

4. Le Nouveau Testament de Notre-Seigneur, éd. Silvestre de Sacy. *Paris*, *Techener*, 1870, 3 vol. in-18, rel. mar. Lavallière. (*Niedrée.*)

5. IMITATION DE JÉSUS-CHRIST, chromolithographie de Lemercier, typographie de J. Claye. *Paris, Curmer*, 1856, 2 vol. in-8, mar. citr., à compartiments enrichis de bronzes dorés, fermoirs.

Cet ouvrage, l'un des plus beaux et des plus luxueux publiés par Curmer, est épuisé depuis longtemps. Cet exemplaire est revêtu d'une riche reliure, relevée d'ouvrages d'orfévrerie admirablement exécutés. Les fermoirs sont fleurdelisés et dorés.

6. IMITATION DE JÉSUS-CHRIST, traduction de Marillac, revue et corrigée par de Sacy. *Paris*, *Techener*, 1860, in-18, m. n., tranches ciselées.

7. Vie de Jésus-Christ, composée au xve siècle, d'après Ludolphe le Chartreux, texte rapproché du français moderne, par A. Lecoy de La Marche. *Paris, s. d.*, in-4, mar. br., tr. dor.

Ce joli volume est orné de 20 miniatures en *camaïeu* chromolithographiées d'après le manuscrit original, par G. Hurtrel.

8. LE LIVRE D'HEURES DE LA REINE ANNE DE BRETAGNE, reproduit d'après l'original déposé au musée des Souverains, avec une traduction en français, par l'abbé Delaunay. *Paris*, *Curmer*, 1861, 2 vol. in-4, mar. r., tr. dor., fermoirs dorés.

Magnifique exemplaire de cette splendide reproduction.

9. ŒUVRE DE JEHAN FOUCQUET. Heures de maistre Estienne Chevalier, trésorier général de France sous les rois Charles VII et Louis XI, avec un texte composé de l'office de la Vierge, l'office de la Passion, prières aux saints et aux saintes, lectures et méditations, restitué par l'abbé

Delaunay. *Paris*, *Curmer*, 1866, 2 vol. in-4, mar. r., tr. dor.

Splendide ouvrage, donnant la reproduction des chefs-d'œuvre de l'art au temps de la Renaissance.

10. HEURES NOUVELLES TIRÉES DE LA SAINTE ECRITURE, écrites et gravées par Senault. *Paris*, *s. d.*, in-8, mar. br., dentelles. (*Anc. rel.*)

Très-beau livre d'heures, entièrement gravé et orné de belles figures en taille-douce.

11. LES HEURES DU CHRESTIEN divisées en trois journées, par le sieur Magnon, qui sont : la journée de la Pénitence, la journée de la Grâce et la journée de la Gloire, le tout fidèlement traduit. *Paris*, 1754, in-8, mar. r., fil., tr. dor., fermoirs, figures.

Charmant exemplaire, dans une reliure ancienne genre DUSSEUIL ; ce livre est orné de belles gravures sur cuivre.

12. LES EXPOSICIONS DES EVVANGILLES en rommant. *S. l. n. d.*, gothique, reliure à ais de bois, recouvert de peau de mouton, nombreuses figures sur bois. (*Rel. du temps.*)

PREMIER LIVRE IMPRIMÉ A GENÈVE ; volume de la plus grande rareté ; l'exemplaire de la Bibliothèque nationale passe pour incomplet. Celui-ci est aussi incomplet. Il commence par le titre ci-dessus, au verso duquel se trouve une grande figure sur bois représentant Jésus en croix, les saintes femmes et les quatre Évangélistes sous leurs formes symboliques. La signature A ii se trouve bien sur le 2e feuillet. Signatures : A par 8 feuillets, B par 8 ff., C par 6 ff., D par 8 ff., E par 8 ff. ; puis la signature A recommence par 8 ff., B par 8 feuillets (mais il en manque 2 : le premier et le quatrième), C par 8 ff., D par 8 ff. Le cahier qui doit suivre manque.

Le volume est piqué et raccommodé à plusieurs pages.

Quoi qu'il en soit, ce livre est précieux et presque introuvable.

13. LES ÉVANGILES DES DIMANCHES ET FÊTES. *Paris*, *Curmer*, 1864, 2 vol. in-4, mar. r., tr. dor.

Admirable publication, qui renferme des spécimens des plus beaux manuscrits du XIIIe au XVIe siècle.

14. LA VIE DES SAINTS, illustrée en chromolithographie d'après les anciens manuscrits de tous les siècles, publiée par F. Kellerhoven, texte par M. Henry de Riancey. *Paris, s. d.*, gr. in-8, mar. br. janséniste, gardes antiques, tr. dor., fig.

Superbe livre, imprimé avec luxe; texte encadré de filets rouges et enrichi de 50 grandes miniatures représentant des saints au milieu d'entourages rehaussés d'or et de couleurs. Ces entourages donnent l'ornementation du temps où vivait chaque saint représenté.

15. PENSÉES SUR DIVERS SUJETS de religion et de morale, par Bourdaloue, précédées d'une introduction par M. Silvestre de Sacy. *Paris, Techener*, 2 vol. gr. in-18, mar. br., compart., fil., coins fleuronnés, dent. int., tr. dor. (*Belz-Niedrée.*)

Très-bel exemplaire.

16. TRAITÉ DE LA CONNAISSANCE DE DIEU et de soi-même, suivi de l'Exposition de la doctrine catholique, par Bossuet, nouvelle édition, revue par Sylvestre de Sacy. *Paris, Techener*, 1869, gr. in-18, mar. bleu, fil., tr. dor. (*Belz-Niedrée.*)

17. TRAITÉ DE L'ÉDUCATION DES FILLES, et Dialogues sur l'éloquence, par Fénelon..., introduction par M. Silvestre de Sacy. *Paris, Techener*, 1869, gr. in-18, mar. bleu, fil., tr. dor. (*Belz-Niedrée.*)

SCIENCES ET ARTS

18. La Bruyère. Les Caractères, avec 18 eaux-fortes de Foulquier. *Tours*, *Mame*, 1867, gr. in-8, mar. r. (*David.*)

Bel exemplaire en grand papier.

19. L'Onirocrite mussulman, ou la Doctrine et Interprétation des songes selon les Arabes, par Gabdorrhachaman, fils de Nasar, de la traduction de M. Pierre Vattier. *A Paris*, *chez Thomas Jolly*, 1664, in-12, mar. r., fil., tr. dor. (*Derome.*)

Très-bel exemplaire de ce livre curieux et singulier, où l'on trouve d'intéressantes anecdotes.

20. Entretiens sur la pluralité des mondes, par Fontenelle; précédés de l'Astronomie des dames, par de Lalande. *Paris*, *Janet et Cotelle*, 1820, 1 vol. in-8, mar. (*Simier.*)

Exemplaire en grand papier vélin.

21. La Chasse illustrée, journal des plaisirs de la ferme et du château, années 1867 à 1871. Dem.-rel. chag. à coins.

22. L'Art de connaître les hommes par la physionomie, par Lavater, édition corrigée, disposée dans un ordre plus méthodique et augmentée par Moreau (de la Sarthe). *Paris*, *Prudhomme*, 1805-9, 10 vol. gr. in-8, dos et coins de mar. r., dor. en tête, non rog.

Très-bel exemplaire. Cet ouvrage est orné de 500 gravures.

2

23. HISTOIRE DES OISEAUX-MOUCHES, colibris, oiseaux de Paradis, par Lesson. *Paris, Bertrand*, 3 vol. in-8 et 3 atlas in-4, fig. coloriées, demi-reliure.

Cette belle collection d'oiseaux-mouches est coloriée à la main avec finesse et goût.

BEAUX-ARTS.

I. — Introduction. — Sculpture, Peinture, Architecture, Ornements, Galeries, Peinture sur verre, etc.

24. Les Maîtres dans les arts du dessin, par Lelius, illustré de 25 portraits gravés sur acier. 1 vol. in-fol. en feuilles, dans un carton.

25. Etude sur Georges Michel, par Alfred Sensier. *Paris, Lemerre,* 1873, gr. in-8, portr. et grav. à l'eau-forte, br.

26. DE CLARAC. Musée de sculpture antique et moderne. *Paris, impr. royale,* 7 vol. gr. in-8 de texte et 6 vol. in-4 obl. de gravures; ouvrage complet et terminé en 1853, dem.-mar. chag.

Bel exemplaire de cet ouvrage estimé et devenu peu commun. On y trouve une multitude de gravures sur métal exécutées avec le plus grand soin.

27. LES LOGES DE RAPHAEL. Collection complète des 52 tableaux peints à fresque qui ornent les voûtes du Vatican et représentent des sujets de la Bible, dessinés à l'aquarelle et gravés en taille-

douce par J.-C. de Meulemeister, terminés sous la direction de M. L. Calamatta et accompagnés d'un texte par le baron de Reiffenberg. *Bruxelles*, 1845-53, gr. in-fol., dos et coins de mar., dor. en tête, non rog.

Ce magnifique ouvrage se compose de 52 feuilles et 52 planches en couleurs ; exemplaire avec les figures sur papier de Chine.

28. Architecture. Décoration et Ameublement de l'époque Louis XVI, par Rodolphe Pfnor. *Paris*, *Morel*, 1865, 1 vol. in-fol. en feuilles, dans un carton, *figures*.

29. Violet Le Duc. Dictionnaire raisonné de l'architecture française du XIe au XVIe siècle. *Paris*, 1868, 10 vol. in-8, br., neufs.

30. Les plus excellents Batiments de France, par J.-A. du Cerceau, sous la direction de Destailleur, architecte. *Paris*, *Lévy*, 1868, 2 vol. in-fol., dem.-rel. mar. à coins, dorés en tête, non rog., *figures*.

31. Grammaire de l'ornement, par Owen Jones, illustrée d'exemples pris de différents styles d'ornement, 112 planches. 1 vol. in-4, rel. toile, dor. sur tranches.

Edition anglaise très-estimée et contenant en cent planches, or et couleurs, plus de 2,000 motifs d'ornementation ancienne et moderne.

32. Ornementation usuelle de toutes les époques dans les arts industriels et en architecture, par Rodolphe Pfnor. *Paris*, 1866-67, gr. in-4, dem.-rel. mar. vert, tête dor., non rog., *figures noires et en couleurs*.

Très-beau livre, rempli de gravures dans le texte et hors texte, noires et coloriées : meubles, faïences, étoffes, etc.

33. Les Collections célèbres d'œuvres d'art, dessinées et gravées d'après les originaux par Edouard Lièvre. *Paris, Goupil,* 1866, 2 vol. in-fol. en feuilles, en deux cartons, *figures.*

34. Galerie impériale et royale du Belvédère a Vienne, publiée par Charles Haas. *Francfort,* 4 vol. in-4 rel. en 2, demi-ch. à coins, dor. en tête, non rog.

Bonnes épreuves.

35. HISTOIRE DE LA PEINTURE SUR VERRE en Europe et particulièrement en Belgique, par Edmond Lévy. *Bruxelles,* 1860, 1 vol. in-4, avec planches, dem.-rel. chag., non rog.

36. Histoire de l'art de la verrerie dans l'antiquité, par Achille Deville. *Paris, Morel,* 1 vol. in-4 en feuilles, dans un carton.

Très-beau volume, recherché pour ses belles planches en couleurs.

37. Histoire de la faïence de Rouen, par André Pottier. *Rouen, Le Brument,* 1869, 2 part., texte et planches, en 2 cartons.

Epuisé; figures en couleurs.

II. — Livres a figures de différents genres. — Recueils de portraits.

38. GYMNASTIQUE. Hieronymi Mercurialis de Arte gymnastica libri sex. *Parisiis, apud J. du Puys,* 1577, in-4, cart.

Livre très-curieux, orné de gravures sur bois représentant les diverses façons de lutter corps à corps, à coups de poing, à l'épée, etc.

39. Le Tableau de la croix, représenté dans les cérémonies de la sainte messe, ensemble le Trésor de la dévotion aux soufrances de N.-S. J.-C., le tout enrichi de belles figures. *A Paris, chez Mazot*, 1651, pet. in-8, maroq. olive, riches petits fers. (*Anc. rel.*)

Livre rare, dans une riche reliure à petits fers élégants de Le Gascon. Une *bonne foi* et les initiales H. M. D. sont frappées sur les plats de cette belle reliure. Le volume est enrichi de nombreuses gravures sur cuivre représentant notamment le cérémonial de la sainte messe.

40. Ornements des manuscrits du viiie au xvie siècle, reproduits en couleurs par Charles Mathieu. *Paris, s. d.*, 2 vol. in-8, cart., dans un étui.

Ce beau livre, imprimé en couleurs, est enrichi de nombreuses miniatures du plus beau style, et toutes les pages sont entourées de bordures en or et couleurs d'une ornementation très-variée.

41. Coleccion de las principales suertes de una corrida de toros, grabada por Luis Fernandez Noseret. *S. l. n. d.*, in-4 obl., d.-rel.

Collection de douze planches en couleurs, plus le titre ci dessus, représentant les diverses phases d'une course de taureaux.

42. Les Cent et un Robert Macaire, composés et dessinés par Daumier, texte de Maurice Alhoy et Louis Huart. *Paris*, 1839, 2 vol. in-4, demi-rel. chag. à coins, dorés en tête, non rognés.

43. Denkmale der Baukunst des Mittelalters in Sachsen, von L. Puttrich. *Leipzig, Brockhaus*, 1836-1843, 4 vol. gr. in-4, nombreuses planches, demi-rel. mar. à coins, dorés en tête, non rognés.

Superbe ouvrage, enrichi d'un grand nombre de figures d'art, d'archéologie, etc., ayant trait au Danemark.

44. Tableaux de Paris. Recueil de 68 planches lithographiées, avec un texte descriptif pour chacune d'elles, en 1 vol. in-4 obl., d.-rel.

45. ALPHABET DE GRANDES CAPITALES ROMAINES, formées de figures appuyées sur des rinceaux, au milieu de paysages historiés, et encadrées dans des cartouches d'un excellent goût, le tout gravé au burin vers 1550 ou composé par J Paulini, maître italien. In-4 obl., dos et coins de maroq. rouge.

Suite de 20 planches remontées (au lieu de 24) en premières épreuves, avant les inscriptions, et l'on n'en connaît pas d'autre suite à Paris, de cet état, même incomplet, selon une note marginale.

46. RECUEIL DE PLUSIEURS SUJETS agréables, tirés de diverses pièces de littérature moderne, dessinés par Eisen et gravés par divers maîtres. 52 planches, belles épreuves, en 1 vol. in-4, d.-r. anc.

Cette belle suite de planches, dessinée par Eisen, est très-rare; elles ont été tirées sur les cuivres qui servirent aux belles éditions du XVIIIe siècle, auxquelles Eisen prêta le concours de son talent aussi gracieux que fin.

47. LES ROSES PEINTES, par Redouté, décrites et classées selon leur ordre naturel par Thory. *Paris*, *Dufart*, 1818, 3 tomes rel. en 2, maroq. brun doublé de maroq. rouge, bouquet de roses sur le plat, avec étuis. (*Duplanil.*)

La reliure de ces deux volumes est un véritable chef-d'œuvre d'élégance et de style. Les plats sont ornés de deux bouquets de roses multicolores, exécutés en mosaïque et réussis à merveille. Les figures du texte sont finement coloriées à la main.

48. HERCULANUM ET POMPEI, recueil général de peintures, bronzes, mosaïques découverts jusqu'à ce jour. *Paris*, *Didot*, 1870, 8 vol. in-8, cart., n. r.

Le huitième volume contient le *musée secret de Naples*.

49. Les Ruines de Pæstum ou de Posidonie, dans la Grande-Grèce, par T. Major, graveur. *A Londres*, 1768, 1 vol. in-fol., cart.

50. LES PLAISIRS DE L'ISLE ENCHANTÉE, course de bague, collation ornée de machines, comédie meslée de danse et de musique, etc. *Paris, imprimerie royale*, 1623, in-fol., rel. veau.

Fait partie des pièces originales de Molière. Cette suite de gravures est fort remarquable au point de vue de la décoration et de l'art théâtral.

51. Les Contes de Perrault, dessins de Gustave Doré. *Paris, Hetzel*, 1872, 1 vol. in-fol., demi-maroq. rouge à coins, dorés en tête, non rognés.

52. L'Ingénieux Hidalgo don Quichotte de la Manche, par Michel Cervantès Saavedra, trad. de Louis Viardot, avec les dessins de Gustave Doré. *Paris, Hachette*, 1873, 2 vol. in-fol., demi-mar. rouge à coins, dorés en tête, non rognés.

53. Œuvres de Rabelais, texte collationné sur les éditions originales, illustrations de Gustave Doré. *Paris, Garnier frères*, 1873, 2 vol. in-fol., cart., non rognés.

Bel exemplaire.

54. London. A pilgrimage by Gustave Doré and Blanchard Jerrold. *London*, 1872, 1 vol. in-fol., cart. toile, dorure sur le plat, non rog.

Très-beau livre, dans lequel Gustave Doré a déployé tout son talent d'observation. Ce livre, peu connu en France, est une des plus belles publications qui existent sur Londres moderne.

55. Eléments de bijouterie et de joaillerie modernes et anciens, dessinés et publiés par Charles Schlodhauer. *Paris, Morel*, 1 vol. in-4, demi-ch., doré en tête, non rogné.

56. Milton. Le Paradis perdu, traduction de Chateaubriand. *Paris, Rigaud*, 1863, 1 vol. in-fol., orné de 25 gravures sur acier, demi-rel. chag.

Exemplaire du premier tirage.

57. PALAIS, CHATEAUX, HOTELS et Maisons de France du xve au xviiie siècle, par Claude Sauvageot. *Paris, Morel*, 1867, 4 vol. in-fol., demi-rel. chag., plats toile, remplis de figures admirablement exécutées.

58. Le Jardin des plantes, description complète, historique et pittoresque du muséum d'histoire naturelle, de la ménagerie, des serres, etc., par Bernard Couilhac, etc. *Paris, Curmer*, 1842, 2 vol. gr. in-8, fig. noires et coloriées, demi-rel. mar. à coins, dorés en tête, non rognés.

59. La Revue comique, à l'usage des gens sérieux, par A. Lireux, Gérard de Nerval, etc. 1 vol. gr. in-8, demi-rel. chag.

60. La Légende d'Ulenspiegel, par Ch. de Coster. *Paris, Librairie internationale*, 1868, in-4, br.

Ouvrage illustré de 14 eaux-fortes inédites.
On sait combien les eaux-fortes de cette édition sont originales et curieuses.

61. Retif de La Bretonne. Monument du costume physique et moral. *Londres*, 1713, 2 vol. in-12, v. écaille.

Bel exemplaire, avec les gravures de Moreau le jeune, réduites au format et remarquables par des costumes du xviiie siècle.

62. A. Alciati Emblemata elucidata doctissimis Claudii Minois commentariis. *Lugduni, apud hæredes Gulielmi Rouillii*, 1614, in-8, vél.

Cette édition des Emblèmes d'Alciat est ornée de nombreuses et curieuses gravures sur bois.

63. Monographie de l'ancienne abbaye royale Saint-Yved de Braine, avec la description des tombes royales et seigneuriales renfermées dans cette église, par Stanislas Prioux. *Paris, Didron*, 1859, 1 vol. in-fol. en feuilles, dans un carton.

64. PORTRAITS DES PRINCIPAUX EMPEREURS, rois, archiducs, princes, comtes et d'autres héros célèbres, dont les armures ont été en partie rassemblées à grands frais dans tous les pays du monde, dans le château Ombrass, près d'Insbruck, décrits par Noyse von Campenhouten. *Imprimé à Insbruck, par Daniel Baur*, 1603, en gothique allemand, 1 vol. in-fol.

Très-beau livre, recherché pour ses grandes planches gravées sur cuivre, donnant les portraits, avec costumes très-étudiés, des princes les plus célèbres. Chacun de ces portraits se trouve dans un cadre d'une riche ornementation allemande du XVIe siècle.

65. PORTRAITS DES ILLUSTRES PERSONNAGES de la cour de Henri VIII, par HANS HOLBEIN (texte anglais), publié par John Chamberlaine. *London, W. Bulmer*, 1828, in-fol., demi-rel., dos et coins, tr. dor., *figures coloriées*.

Superbe volume, rempli de grandes planches admirablement gravées et coloriées.

66. LES EMAUX DE PETITOT du musée du Louvre. *Paris, Blaisot*, 1862, 2 vol. in-4, demi-rel. mar. à coins, dorés en tête, non rognés.

Belles épreuves *sur chine*. Rare, surtout en cette condition.

67. Album des Minnesänger (*Minnesänger aus der Zeit, der hohenstaufen im vierzehnten jahrhundert Gesammelt, von Rudger Maness von Maneck*). Recueil de poëtes allemands écrit et peint par les soins du chevalier Rudger Maness de

Maneck, publié par Charles Mathieu. *Paris, s. d.*, in-fol., cart.

Suite de gravures très-belles au double point de vue du costume et des instruments de musique du moyen âge.

III. — Recueils de costumes.

68. Costumes civils et militaires de la monarchie française, par Delpech. *S. l. n. d.*, 2 vol. gr. in-4, demi-rel. maroq. rouge, avec coins, têtes dorées, non rognés.

Suite de 380 planches coloriées à la main, représentant les costumes les plus remarquables de toutes les époques jusqu'à 1820.

69. Costumes de Normandie (Seine-Inférieure, Calvados, Manche et Orne), dessins de Pêcheux. *S. l. n. d.*, gr. in-4, demi-rel. maroquin rouge, tête dorée, non rogné.

Suite de 86 planches coloriées à la main.

70. Costumes de femmes de divers pays et de différentes classes spéciales. *Paris, s. d.*, grand in-4, demi-rel. maroq. rouge avec coins, tête dor., non rogné.

Suite de 96 planches charmantes comme figures et comme costumes, finement coloriées à la main.

71. Costumes des peuples de la Grèce moderne, dessinés sur les lieux par le baron de Stackelberg, publiés par Marino. *Paris, s. d.*, gr. in-4, demi-rel. maroq. rouge, avec coins.

Suite de 30 planches coloriées à la main.

72. COLLECTION DE COSTUMES de diverses provinces de l'Espagne, lithographiés d'après des dessins originaux, par Pigal. *Paris*, *Clément frères*, *s. d.*, gr. in-4, demi-maroq. rouge, avec coins, tête dor., non rogné.

Suite de 100 planches coloriées à la main.

73. COSTUMES DE DIVERS PAYS, par H. Lecomte. *Paris*, *s. d.*, gr. in-4, dos et coins de maroq. rouge, tête dorée, non rogné.

Suite de 94 planches coloriées à la main; portraits de femmes et d'hommes.

74. COSTUMES DE THÉATRE de 1600 à 1820, dédiés à M. le baron de Laferté, intendant des théâtres royaux, par H. Lecomte. *Paris*, *Delpech*, *s. d.*, in-4, demi-rel. maroq. rouge, avec coins, tête dorée, non rogné.

Suite de 104 planches coloriées à la main.

75. Nouvelle Galerie des artistes dramatiques vivants, contenant 80 portraits des principaux artistes dramatiques de Paris, gravés sur acier par Geoffroy. *Paris*, *Librairie théâtrale*, *s. d.*, 2 vol. in-4, demi-rel. mar. à coins, dorés en tête, non rognés.

On trouve dans ces deux volumes les portraits d'acteurs et d'actrices les plus célèbres du commencement de ce siècle.

76. MŒURS, USAGES, COSTUMES des Othomans, abrégé de leur histoire, par Castellan. *Paris*, *Nepveu*, 1812, 6 vol. in-18, deux suites de fig. noires et coloriées, rel. mar. plein, dent. (*Thouvenin.*)

Charmant ouvrage, enrichi de figures coloriées représentant les costumes de Turquie.

BELLES-LETTRES

I. — Rhétorique, Poésies.

77. CICERONIS AD Q. FRATREM DE ORATORE libri III. — Brutus, sive de Claris Oratoribus ; ad M. Brutum Orator. (In fine :) *Anno Xp̄i M CCCC LXIX die vero XII mensis januarii, Rome in domo... Petri de Maximo*, gr. in-4 de 78 ff. à 32 lignes par page, non rel.

Magnifique exemplaire. — Nous n'avons que le second traité de ce volume extrêmement rare, et c'est ici la première édition du Brutus. La première page est ornée d'un encadrement en couleurs et or, au bas duquel figure un écusson qui porte : *d'azur au taureau passant d'argent.*

78. Le Livre des orateurs, par Timon. *Paris, Pagnerre*, 1842, 1 vol. gr. in-8 orné de 27 portraits sur acier, d.-rel. chag.

79. METAMORPHOSES D'OVIDE mises en vers françois par Raimond et Charles de Massac, père et fils. *A Paris, chez Abel L'Angelier*, 1603, pet. in-8, maroq. brun, dent. int., tr. dor. (*Lortic.*)

Très-bel exemplaire, grand de marges. L'un des sieurs de Massac était docteur en médecine et l'autre avocat au Parlement de Paris.

80. LES MÉTAMORPHOSES D'OVIDE, trad. nouvelle avec le texte latin, par Villenave. *Paris*, 1806, 4 vol. in-8, avec les fig. de Moreau, Monsiau et Lebarbier, d.-rel. mar. rouge à coins, dorés en tête, non rogn.

Bel exemplaire de cette jolie édition.

81. LES MÉTAMORPHOSES D'OVIDE, trad. en vers par Desaintange, éd. ornée de 141 estampes de Moreau et autres. *Paris*, 1808, 4 vol. in-8, rel. pleine mar. (*Bozérian*.)

82. La Manière de nourrir les enfants a la mamelle, traduction d'un poëme latin de Scevole de Sainte-Marthe, par messire Abel de Sainte-Marthe. *A Paris, chez Guillaume de Luynes*, 1698, in-8, maroq. rouge, fil., tr. dor. (*Dusseuil*.)

Livre très-rare et des plus curieux. Le texte latin est en regard de la traduction, qui est en prose. Cet ouvrage fut composé par Sainte-Marthe à l'occasion d'un de ses fils en danger de mort, et il le dédia à Henri III dans le temps où ce prince témoignait de l'ardeur pour avoir des enfants.

83. Recueil général et complet des fabliaux des XIIIe et XIVe siècles imprimés ou inédits, publiés d'après les manuscrits, par Anatole de Montaiglon. *Paris, Librairie des bibliophiles*, 1872, in-8, br.

Tome premier, le seul paru; tiré à 150 exemplaires sur papier vergé.

84. LE ROMAN DU RENART, publié d'après les manuscrits de la bibliothèque du roi, des XIIIe, XIVe, XVe siècles, par Méon. *Paris, Treuttel*, 1826, 7 vol. in-8, deux suites de fig. avant la lettre, demi-rel. mar. à coins, non rog.

Très-bel exemplaire en *grand papier vélin*.

85. Essais historiques sur les bardes, les jongleurs et les trouvères normands et anglo-normands, par M. l'abbé de La Rue. *Paris, Mancel*, 1834, 3 vol. gr. in-8, br.

Exemplaire en GRAND PAPIER VÉLIN d'un livre recherché et devenu rare. Il est suivi de pièces de Malherbe qu'on ne trouve dans aucune édition de ses Œuvres.

86. Les Œuvres de Clément Marot, de Cahors, reveues et augmentées de nouveau. *La Haye, chez Adrian Moetjens*, 1700, 2 vol. in-12, mar. bleu, fil., dent., tr. dor., doublés de tabis. (*Bozérian.*)

Fait partie de la Collection elzévirienne.

87. BOILEAU. ŒUVRES, avec commentaires par Amar. *Paris, Lefevre*, 1821, 4 vol. in-8, m. r., dentelles. (*Reliure de Simier.*)

Bel exemplaire en *grand papier* et dans une riche condition de reliure.

88. Boileau. Œuvres poétiques, avec des notices par Poujoulat, eaux-fortes par Foulquier. *Tours, Mame*, 1870, 1 vol. gr. in-8, br.

89. Boileau. Œuvres complètes, avec la vie de l'auteur, par Édouard Fournier, dessins de Bayard coloriés. *Paris, Laplace*, 1873, d.-rel. mar. à coins, dorés en tête, non rogn.

90. Poésies choisies de Gresset. *Paris, stéréotype d'Herman*, an XI (1802), gr. in-12, v., fil., tr. dor.

Exemplaire en grand papier vélin de cette jolie édition, qui contient le portrait de Vattier et les belles compositions de Moreau *le jeune* en superbes épreuves.

91. SONETTI, CANZONI E TRIOMPHI di M. Francesco Petrarca, con la spositione di Bernardino Daniello da Lucca. *In Vinegia*, 1549, in-4, maroq. brun à riches compartiments, tr. dor. (*Rel. du temps.*)

Superbe exemplaire, dans une magnifique reliure italienne genre Grolier. Cette édition recherchée est enrichie de gravures sur bois très-fines. Le titre porte les portraits de Laure et de Pétrarque.

92. DORAT. Les Baisers, précédés du Mois de mai, poëme. *La Haye, et se trouve à Paris, chez Lambert*, 1770, in-8, d.-r. m. rouge, fig.

Exemplaire en grand papier du tirage avec le titre noir. Charmantes figures d'Eisen hors texte et dans le texte.

93. LA PUCELLE D'ORLÉANS (par Voltaire). — Amours honnestes de Charles sept et d'Agnès Sorel. — Siége d'Orléans par les Anglais. — Apparition de saint Denis. — Manuscrit in-8, v.

Ce manuscrit du temps de Voltaire est une fidèle copie de l'édition anglaise de 1757, qui ne contient aucun retranchement, ce dont se plaignait Voltaire. Cette copie contient une Epître du père Grisbourdon à M. de Voltaire et un jugement sur le poëme de la Pucelle.

94. Le Temple de Gnide, suivi d'Arsace et Isménie, par Montesquieu. *Paris*, *Didot*, l'an IV, 1 vol. in-4, d.-rel. mar.

95. LA MORT D'ABEL, poëme de Gessner, trad. par Hubert, gravures de Monsiau coloriées. *Paris*, 1793, 1 vol. in-4, rel. mar. rouge, tr. dor.

Superbe exemplaire en ancienne reliure, provenant de la Bibliothèque du duc d'Orléans, père de Louis-Philippe, dont le nom se trouve sur une garde.

96. FABLES CHOISIES MISES EN VERS par M. de La Fontaine (publ. avec la vie de l'auteur par M. de Montenault). *Paris*, *Desaintet Saillant*, 1755-1759, 4 vol. in-fol., fig. d'Oudry, mar. r., fil., tr. dor.

Très-bel exemplaire.

97. FABLES DE LAFONTAINE, gravées en taille-douce, les figures par le sieur Fessard, le texte par le sieur Montalay. *Paris*, *chez l'auteur*, 1765, 6 vol. in-8, v. (*Anc. rel.*)

Belle édition, dont le texte et les gravures, finement gravés, sont accompagnés de têtes de page et de culs-de-lampe d'une élégante composition.

98. Fables de La Fontaine, publiées par D. Jouaust, avec une introduction par Saint-René Taillandier, ornées de douze dessins originaux de Bodmer, J.-L. Brown, F. Daubigny, Detaille, Gérome, etc., etc. *Paris, Librairie des bibliophiles*, 1873, 2 vol. gr. in-8, pap. vergé, br.

99. Romances, par M. Berquin. *A Paris, chez Ruault*, 1776, gr. in-12, v., tr. dor.

Papier fort. Charmantes vignettes de Marillier.

100. Idylles, par M. Berquin. *A Paris, chez Ruault*, 1775, 2 v. gr. in-12, v., tr. dor.

Exemplaire en papier fort d'un livre recherché pour les charmantes figures de Marillier dont il est enrichi.

101. CONTES DE LA FONTAINE. *Paris*, 1762, 2 vol. in-8, maroq. rouge, fil., tr. dor. (*Derome.*)

Exemplaire de toute beauté et très-rare en cette condition. La reliure, d'une fraîcheur parfaite, est signée *Derome le jeune*. Les figures sont superbes d'épreuves ; celle du *Cas de conscience* est découverte. Chiffre couronné sur les plats de la reliure.

102. Les Contes rémois, par le comte de Chevigné. dixième édition, ornée d'un nouveau portrait gravé à l'eau-forte par Flameng. *Paris, Lemerre*, 1873, in-12, d.-rel. mar. r., non rog.

103. CHOIX DE CHANSONS mises en musique par M. de La Borde, gouverneur du Louvre, ornées d'estampes par J.-M. Moreau. *Paris, chez de Lormel*, 1773, 4 tomes en 2 vol. gr. in-8, v. rac., fil., figures.

Exemplaire de toute beauté, comme marges et comme épreuves des figures qui sont dues au merveilleux talent de Moreau et autres artistes. Cet exemplaire contient le beau portrait de La Borde et le frontispice avec le portrait de la Dauphine qui manquent souvent.

104. CHANSONS de P.-J. de Béranger, anciennes, nouvelles et inédites, suivies des procès intentés à l'auteur. *Paris, Baudouin frères*, 1828, 2 vol. in-8, maroq. rouge, fil., dent., tr. dor.

Edition recherchée pour les belles figures de DEVÉRIA et de HENRI MONNIER, ces dernières finement coloriées.

II. — THÉATRE.

105. LE DESNIAISÉ, comédie. *A Paris, chez Toussainct Quinet*, 1648, pet. in-4, maroq. brun, fil., dent., tr. dor. (*Jolie reliure moderne.*)

Curieuse comédie, où l'on trouve des vers de cette force :

Amour, jeune falot, petit monstre fantasque,
Qui, pour nous attraper, court toujours mieux qu'un Basque.
. . . .

Très-bel exemplaire.

106. CORNEILLE. Théâtre complet, édition ornée de portraits en pied coloriés par Geffroy. *Paris, Laplace*, 1873, 1 vol. gr. in-8, demi-rel. mar. à coins, doré en tête, non rogné.

107. MOLIÈRE. Œuvres complètes, avec notes et la vie de Molière par Taschereau. *Paris, Furne*, 1863, 6 vol. in-8, avec gravures, demi-reliure veau fauve.

108. Œuvres complètes de Molière, édition imprimée sur celle de 1679 et 1682, ornée de portraits en pied coloriés, introduction de J. Janin. *Paris, Laplace et Cie*, 1871, demi-rel. m. v., dos et coins, filets.

109. ŒUVRES DE RACINE. *Paris*, 1760, 3 vol. in-4, maroq. rouge, fil., tr. dor., figures de *Jac. de Sève.*

Magnifique exemplaire en ancienne reliure, provenant de la

collection de M. Quentin-Bauchard et connu comme étant aux armes de Mirabeau. Quelques amateurs ont paru croire que ces armes étaient celles de la maison de Chimay ; c'est une erreur facile à vérifier dans l'*Armorial du bibliophile.*

110. ŒUVRES DE JEAN RACINE. *Paris, Pierre Didot,* 1801, 3 vol. in-fol., avec gravures, demi-rel. mar. rouge à coins, dorés en tête, non rog.

Superbe édition dite du Louvre.

111. ŒUVRES COMPLÈTES DE RACINE, éd. publiée par Aimé-Martin. *Paris, Lefèvre,* 1820, 7 vol. in-8, gr. papier, avec gravures, reliure mar. plein, tr. dor. (*Simier.*)

Magnifique exemplaire en papier vélin, dans une jolie reliure de Simier.

112. Euphémie, ou le Triomphe de la religion, drame, par M. d'Arnaud. *Paris, Le Jay,* 1768, gr. in-8, v.

On trouve dans le même volume : *Fanni ou la Nouvelle Paméla* et *Lucie et Mélanie ;* mais ce qui intéresse dans cette collection, ce sont les jolies figures et vignettes de *Restout* et d'*Eisen*, qui en font l'ornement.

III. — Romans, Contes et Nouvelles.

113. LE DÉCAMÉRON DE JEAN BOCCACE. *Londres*, 1757, 5 vol. in-8, maroq. rouge, fil., tr. dor., *figures doubles.* (*Anc. reliure genre Derome.*)

Très-bel exemplaire de l'édition française, rare et recherchée ; les figures sont très-belles d'épreuves.

114. Longus. Daphnis et Chloé, traduction d'Amyot, compositions d'Emile Levy, gravées à l'eau-forte par Flameng. *Paris, Librairie des bibliophiles*, 1872, in-12, texte encadré en rouge, broché.

115. Les Avantures de Telemaque, fils d'Ulysse, ou suite du quatrième livre de l'Odyssée d'Homère (par Fénelon). *Suivant la copie de Paris, à La Haye, chez Adrian Moetjens*, 1699, 2 vol. in-12, mar. rouge, fil., dent. int., tr. dor. (*Belz-Niedrée.*)

Bel exemplaire de cette rare édition.

116. Aventures de Télémaque, suivies des Aventures d'Aristonoüs, par Fénelon.—Notice de Villemain Malepeyre. *Paris*, 1824, 2 t. en 1 vol. in-8, d.-rel. mar.

117. LE PREMIER (et le second) VOLUME de Theseus de Coulongne. (A la fin) : *Cy fine le second volume du Rommant du noble et vaillant chevalier Theseus, etc. Imprimé à Paris, par Anthoine Bonnemere, pour Jehan Longis et Vincent Sertenas*, 1534, in-fol. goth. à deux colonnes, rel. du temps en veau, *figures sur bois.*

Roman de chevalerie des plus rares. Cet exemplaire est incomplet des feuillets de titres et tables pour chacun des deux volumes, et de 16 ff. dans le second volume (entre 49 et 59). Grand de marges et d'ailleurs bien conservé.

118. LE DIABLE BOITEUX (par Lesage), troisième édition. *A Lyon, chez Antoine Briasson*, 1707, in-12, mar. rouge, fil., tr. dor. (*Belz-Niedrée.*)

Exemplaire grand de marges de cette édition peu commune, qui est ornée d'une jolie figure sur cuivre.

119. LE DIABLE BOITEUX, par Lesage, illustré par Tony Johannot. *Paris, Bourdin*, 1848, 1 vol. gr. in-8 en feuilles.

Exemplaire sur *papier de Chine.*

120. Tarsis et Zélie. *Paris, Musier*, 1774, 3 vol. in-8, br., figures de Moreau et vignettes d'Eisen.

Exemplaire non rogné d'un livre estimé pour les belles figures d'Eisen dont il est illustré.

121. Les Amours du chevalier de Faublas, par Louvet de Couvray. *Paris*, *Tardieu*, 1825, 4 vol. in-4, avec gravures, dem.-rel. veau brun.

Charmantes gravures en taille-douce.

122. Les Mille et une Nuits, contes arabes, traduits par Galland, éd. illustrée. *Paris*, *Bourdin*, 3 vol. gr. in-8, brochés neufs.

Exemplaire en *grand papier vélin*.

123. Paul et Virginie. *Paris*, *Curmer*, 1838, 1 vol. gr. in-8, fig., demi-rel. chag.

Manque le titre. Chef-d'œuvre d'impression. Les figures de Tony Johannot et autres sont de premier tirage.

124. Victor Hugo. Les Travailleurs de la mer. 3 vol. in-8, brochés, non coupés.

Exemplaire en *grand papier*.

125. Les Travailleurs de la mer (V. Hugo). *Paris*, *Lacroix*, 1866, 3 vol. in-8, dem.-rel. maroq. rouge.

Exemplaire en grand papier.

126. Victor Hugo. L'Homme qui rit. 4 vol. in-8, brochés, non coupés.

Exemplaire en *grand papier*.

127. La Vie de Lazarille de Tormes, ses fortunes et ses adversitez, traduite en vers françois par le sieur de B... *A Paris*, *chez Louis Chamhoudry*, 1653, pet. in-4, veau fauve, fil., tr. dor. (*Belz-Niedrée.*)

128. Les Jeux de Mathilde d'Aguilar, histoire espagnole et françoise, véritable et galante, par M. D. S. *A Villefranche*, *chez François Fidèle*,

1704, pet. in-8, mar. bleu, fil., tr. dor. (*Hardy-Mennil.*)

Ce curieux volume, mélange de galanterie, d'anecdotes historiques et de philosophie, est divisé en trois parties.

129. Voyages de Gulliver, par Swift, traduit de l'abbé Desfontaines, illustr. de Gavarni. 1 vol. gr. in-8, dem.-rel. mar. à coins, doré en tête, non rogné.

130. VOYAGE SENTIMENTAL, par STERNE, traduction nouvelle par Jules Janin, édition illustrée par Tony Johannot et Jacque. *Paris, Ernest Bourdin, s. d.*, gr. in-8, velours bleu, tranche peinte.

Splendide volume, UNIQUE EN SON GENRE. Il est, en effet, entièrement imprimé sur SATIN BLANC, et le texte ainsi que les nombreuses gravures sur bois qui l'enrichissent ont un aspect merveilleux sur cette étoffe de soie d'une blancheur éclatante. La reliure, exécutée avec un talent hors ligne par BAUZONNET, est ornée, au dos et sur les plats, d'ornements en argent ciselé, émaillé et doré, du meilleur goût et par un artiste joaillier. Les ornements des coins sont enrichis de cabochons sertis avec soin. Le fermoir du volume est en argent doré, avec le *portrait de Sterne* sculpté en plein ; les tranches sont admirablement peintes par ADRIEN FÉART, célèbre miniaturiste. Ce précieux volume, qui a coûté à l'éditeur près de 6,000 francs, était destiné à Sa Majesté ALEXANDRA FEODOROWNA, impératrice de Russie, dont le nom et les armes sont inscrits, dans un beau cartouche de fleurs, sur le premier feuillet du livre. Les armes de Russie, en argent ciselé, se trouvent sur les plats de la reliure.

131. LE FORT INEXPUGNABLE de l'honneur du sexe féminin, construit par François de Billon. *On les vend à Paris, chez Jean d'Allyer*, 1555, in-4, v. (*Anc. rel.*)

Portrait de l'auteur sur le titre, figures sur bois dans le texte. Livre singulier sur les femmes, traitant des sujets suivants en style bizarre : composition des femmes, honnesteté des femmes, histoire d'un pape sur fait d'amour, mort étrange de fille amoureuse, etc.

132. La Retorica delle Putane, composta conforme li precetti du Cipriano dedicata alla università delle Cortegiane più celebri. *In Cambrai*, 1642, in-12, maroq. rouge, fil., tr. dor. (*Anc. rel.*)

Très-bel exemplaire.

133. Les Cent Nouvelles nouvelles, notice et notes par Paul Lacroix, gravures à l'eau-forte par Flameng. *Paris, Librairie des bibliophiles*, 1874, 10 part. in-12, br.

134. L'Heptaméron des nouvelles de très-illustre et très-excellente princesse Marguerite de Valois, royne de Navarre. *Paris, Librairie des bibliophiles*, 1870, 8 part. in-12, br.

Réimpression ornée d'eaux-fortes de M. Flameng, tirée à petit nombre et entièrement épuisée.

135. Contes et Nouvelles, en vers, par Voltaire, Vergier, Senecé, Perraut, Moncrif et le P. Ducerceau. *Paris, Leclère fils*, 1862, 2 vol. in-12, dem.-rel. mar. brun, dos et coins, filets.

136. Les Dix Journées de Jean Boccace, traduction de Le Maçon, réimprimée par les soins de D. Jouaust, avec notice, notes et glossaire par Paul Lacroix, eaux-fortes par Flameng. *Paris, Librairie des bibliophiles*, 1873, 10 part. in-12, br.

IV. — Polygraphes.

137. DORAT. Œuvres complètes. *Paris, Sébastien Jorry*, 1767, 20 vol. in-8, v. écaille, fil.

Bel exemplaire, avec les figures d'Eisen réparties dans un grand nombre de volumes, et notamment dans les *Fables* et dans les *Baisers*.

138. VOLTAIRE. ŒUVRES COMPLÈTES. *Paris, Renouard,* 1819, 66 vol. in-8, gr. pap. vél., fig. de Moreau avant la lettre, demi-rel. mar. par *Thouvenin.*

On a ajouté à cet exemplaire 260 portraits divers, par Fiquet, Savart, Huber, etc. Les figures de Moreau, qui sont de l'édition, sont avant la lettre. D'ailleurs cet exemplaire a appartenu à M. Pieters, célèbre bibliophile.

139. Voltaire. Œuvres complètes. *Paris, Renouard,* 66 vol. in-8 rel. en 65 (les deux volumes de tables sont reliés en un), figures de Moreau, belles épreuves, rel. pleine.

140. A. de Musset. Œuvres complètes. *Paris, Charpentier,* 10 vol. in-8, avec gravures, demi-rel. veau fauve.

141. Balzac. Œuvres complètes. *Paris, Houssiaux,* 1870, 20 vol. in-8, avec figures, demi-rel. chag.

142. Collection du Bibliophile français. *Paris, Bachelin-Deflorenne,* 12 vol. in-18, papier de fil, cart.

Ces 12 volumes, imprimés avec luxe, sont ornés chacun de magnifiques portraits dessinés et gravés à l'eau-forte par G. Staal.

143. COLLECTION DES OUVRAGES IMPRIMÉS POUR L'ÉDUCATION DU DAUPHIN, par François-Ambroise Didot l'aîné et Pierre Didot. Ens. 37 vol. in-4, dos et coins de mar. r., dor. en tête, non rog.

Magnifique exemplaire, avec nombreuses figures d'une beauté d'épreuves hors ligne. Cette collection se compose des ouvrages suivants : Biblia sacra. 1785, 2 vol. — Œuvres de Boileau. 1789, 2 vol. — Discours sur l'histoire universelle, par Bossuet. 1784, 1 vol. — Théâtre de Pierre Corneille. 1795, 10 vol. — Télémaque. 1783, 2 vol. — Fables de La Fontaine. 1788, 1 vol. — Pensées et Maximes de La Rochefoucauld. 1796, 1 vol. — Poésies de Malherbe. 1797, 1 vol. — Petit

Carême de Massillon. 1789, 1 vol. — Œuvres de Molière. 1791, 6 vol. — Œuvres de Racine. 1783, 3 vol. — J.-B. Rousseau. 1790, 1 vol. — La Henriade de Voltaire. 1790, 1 vol. — On a ajouté à ces 32 volumes les ouvrages suivants dans le même format : Contes de La Fontaine, 2 vol., avec fig. de Fragonard pour le tome premier et une belle suite avant la lettre pour le tome deuxième, qui a été publié sans gravures. — — Paul et Virginie, fig. 1 vol. — Poésies de Bernard. 1 vol. — SAINT-LAMBERT. Les Saisons. 1 vol.

Collection presque introuvable en aussi belle condition et aussi complète.

144. OPERE INEDITE DI FRANCESCO GUICCIARDINI, illustrate da Giuseppe Canestrini. *Firenze*, 1857, 10 vol. in-8, demi-rel. mar. r.

Bonne édition.

145. ŒUVRES DE SALOMON GESSNER. *Paris*, *Renouard*, 1799, 4 vol. in-8, gr. pap. vél., figures de Moreau avant et avec la lettre, demi-veau à coins, non rognés.

Très-rare en cette condition ; les épreuves des figures de MOREAU ne laissent rien à désirer.

HISTOIRE

I. — Voyages, Histoire de France.

146. PORTULAN du dix-septième siècle. Atlas de 56 cent. de haut sur 39 cent. et demi de large, soit 79 cent. pour la feuille ouverte; relié en maroquin uni vert-clair, avec encadrement doré de 55 millimètres sur les plats; le mot *Atlas* en capitales romaines à pleins évidés et ornementés, et angles à vive arête, hautes de 27 mill., imprimées en or sur la face intérieure, à 14 cent. au-dessous de la bordure d'encadrement. Tranche dorée.

Cet atlas est formé de cinq feuilles de vélin pliées in-fol. en dix feuillets contrecollés deux à deux sur cartons intermédiaires, sauf le premier et le dernier, qui sont collés isolément chacun au carton correspondant de la couverture : en tout, six cartons pour cinq feuilles ou planches doubles, comprenant quatre cartes, l'une de celles-ci (la deuxième) occupant deux feuillets.

Ces cartes sont uniformément consacrées à représenter la Méditerranée; elles ont été exécutées uniformément en 1672, à Toulon, par un dessinateur du nom de Roussin, chacune d'après un modèle différent, dont l'auteur est désigné dans le titre respectif de la copie ainsi qu'il suit :

Feuille I : Carte faictte par Roussin sur le dessain de Jasques Mudiffort, Anglois. 1672.

Feuilles II et III : Carte faictte par Roussin sur le dessain de Nicolas Comberfond, Anglois, à Tolon, 1672.

Feuille IV : Carte faictte par Roussin sur le dessain ancien, tant italien que provensal, 1672.

Feuille V : Carte faictte par Roussin sur le dessain de Jasques Collomb et Jaques-Anthoine, Ollandois, 1672.

Toutes ces cartes sont sur beau vélin, peintes en or et couleurs, avec de nombreuses roses des vents et quelques écussons armoriés; sur toutes, les îles de Malte et de Rhodes sont peintes de gueules à la croix d'argent (quelquefois d'or); Chio, d'or au sautoir de gueules; et Majorque, d'or palé de gueules. L'écriture est très-nette. L'exécution est, en général, soignée, sans être comparable aux productions des siècles précédents.

Le volume est bien conservé, sauf quelques écorchures au maroquin sur les plats.

147. L'EUROPE ILLUSTRE, contenant l'histoire abrégée des souverains, princes, prélats, etc., célèbres en Europe dans le xve siècle, par Dreux du Radier, ouvrage enrichi de portraits gravés par les soins d'Odieuvre. *Paris*, *Nyon*, 1777, 6 vol. in-4, v. écaille, filets.

Bel exemplaire, beau d'épreuves. Cet ouvrage recherché contient un nombre considérable de portraits des personnages les plus célèbres de France et de l'étranger.

148. VOYAGE DANS LA RUSSIE méridionale et la Crimée par la Hongrie, la Valachie et la Moldavie, par Anatole Demidoff. *Paris, Bourdin*, 1840, 4 vol. gr. in-8, rel. chag. plein.

Bel exemplaire sur PAPIER DE CHINE, très-rare. Atlas du Voyage, par Raffet, 1 vol. in-fol. en feuilles, dans un carton.

149. Voyage à travers l'Amérique du Sud, de l'océan Pacifique et de l'océan Atlantique, par Paul Marcoy, 2 vol. in-4, illustrés de 626 vues, etc. *Paris*, *Hachette*, 1869, demi-rel. chag. r., plats toile, dor. sur tr.

150. LA CONJURACION DE CATILINA y la Guerra de Jugurta, par Cayo Salustio Crispo. 1 vol. in-fol., rel. mar. r.

Le plus beau livre publié en langue espagnole. Exemplaire en grand papier, dans une belle reliure ancienne.

151. ABRÉGÉ CHRONOLOGIQUE DE L'HISTOIRE DE FRANCE, par le sieur de Mezeray. *Amsterdam*, *Abraham Wolfgang*, 1673, 7 vol. in-12 (y compris L'AVANT-CLOVIS), mar. r. janséniste, tr. dor. (*Belle reliure moderne.*)

Très-bel exemplaire, grand de marges, de cette édition rare, qui est ornée de nombreux portraits gravés en taille-douce et imprimés dans le texte.

152. LE CATALOGUE DES ANTIQUES ÉRECTIONS DES VILLES ET CITÉS, fleuves et fontaines, assises ès

troys Gaules, cest assavoir Celticque, Belgique et Aquitaine, contenant deux livres : le premier, faict et composé par Gilles Corrozet, Parisien ; le second, par Claude Champier, Lyonnois. Avec ung Petit Traicte des fleuves et fontaines admirables estant esdites Gaules. *On les vend à Lyon, chez Francoys Juste,* pet. in-12 gothique, vélin, figures sur bois.

Livre gothique très-rare et en belle condition.

153. Satyre Ménippée, de la Vertu du catholicon d'Espagne et de la Tenue des États de Paris. *Paris, Delangle*, 1824, 2 vol. in-8, fig. sur chine, demi-rel. mar. à coins, non rognés.

Très-bel exemplaire en grand papier.

154. Description de l'isle des Hermaphrodites, nouvellement découverte, pour servir de supplément au journal de Henri III. *Cologne*, 1726, grand in-12, v.

Volume assez rare et recherché, parce qu'il fait voir les désordres de la cour du roi Henri III, et notamment une description enjouée des minauderies et des manières efféminées des mignons de ce roi.

155. Lettres inédites de Henry IV, par Augustin Galitzin. *Paris, Techener*, 1860, in-8, demi-rel. chag., tête dor., non rogn.

156. Louis XVII, sa vie, sa captivité, sa mort, par A. de Beauchesne. *Paris, Plon*, 1861, 2 vol. gr. in-8, avec portraits, cart., non coupés.

157. Napoléon et ses Contemporains, suite de gravures représentant des traits d'héroïsme, de clémence, etc., avec texte, par A. Chambure. *Paris, Renouard*, 1828, 1 vol. in-4, rel. pleine maroquin.

158. Mémorial de Sainte-Hélène, par le comte de Las-Cases, suivi de Napoléon en exil, par O'Méara et Antomarchi. *Paris, Bourdin*, 1842, 2 vol. gr. in-8, fig. de Charlet, cart., non rognés.

Exemplaire en *papier de Chine*, non rogné. La feuille 3 du tome premier est en papier ordinaire.

159. Revue rétrospective, ou Archives secrètes du dernier gouvernement, 1830-1848, 31 numéros, 1 vol. gr. in-8, demi-rel. chagr.

II. — Histoire des provinces.

160. Paris-Guide, par les principaux artistes de la France. *Paris*, 1867, 2 vol. in-8, demi-cuir de Russie à coins, dorés en tête, non rognés, fig. dans le texte.

Exemplaire sur papier de Chine d'un livre qui sera toujours estimé, en raison des documents curieux qu'il fournit sur le Paris de l'Empire.

161. J. Janin. La Normandie. *Paris, Bourdin*, 1862, 1 vol. gr. in-8, fig. noires et coloriées, br. neuf.

Exemplaire en grand papier.

162. Histoire du Beaujolais et des sires de Beaujeu, suivie de l'Armorial de la province, par le baron Ferdinand de La Roche La Carelle. *Lyon, Louis Perrin*, 1853, 2 vol. gr. in-4, demi-rel. chag. à coins, dorés en tête, non rognés.

Cet ouvrage, devenu rare, est admirablement imprimé et accompagné de blasons gravés sur bois.

163. HISTOIRE DES DUCS DE BOURBONS et des comtes de Forez, par Jean-Marie de La Mure. *Paris, Potier*, 1860, 3 vol. in-4, demi-rel. mar., dorés en tête, non rognés.

En papier vergé fort; tiré à 50 exemplaires.

164. MONOGRAPHIE DE NOTRE-DAME DE BROU, par Louis Dupasquier, architecte à Lyon, texte historique et descriptif par Didron aîné. *Paris, Didron, s. d.*, tr.-gr. in-fol., dos et coins de mar. r., non rog.

Très-bel ouvrage, orné de planches en chromolithographie représentant les principaux monuments d'architecture de cette église.

165. L'ANCIENNE AUVERGNE ET LE VELAY, histoire, archéologie, mœurs, topographie, par Michel. *Moulins*, 1844, 3 vol. de texte et 1 vol. de planches, in-fol., demi-rel. chag. rouge.

On y ajoutera : l'Ancien Velay, par Francisque Mandet. *Moulins*, 1846, 1 vol. in-fol., même reliure.
Cet ouvrage ainsi complet est rare.

166. LA BRETAGNE CONTEMPORAINE, sites pittoresques, monuments, costumes, légendes, etc., des cinq départements de cette province, dessinés d'après nature, par Félix Benoist. *Paris, Charpentier*, 1865, 3 vol. in-fol., demi-rel. chagr. à coins, dorés en tête, non rognés.

Très-bel exemplaire d'un livre intéressant au double point de vue du texte et des gravures.

167. J. JANIN. LA BRETAGNE. *Paris, Bourdin*, 1862, 1 vol. gr. in-8, fig. noires et coloriées, br. neuf.

Exemplaire en GRAND PAPIER.

III. — HISTOIRE DES PAYS ÉTRANGERS.

168. LETTRES SECRÈTES DE LA DUCHESSE MARGUERITE DE PARME, gouvernante générale des Pays-Bas, et du roy d'Espagne Philippe II, touchant les troubles, révoltes et confédérations des mesmes Pays-Bas de l'année 1556. *Manuscrit* en 3 vol. in-12, maroq. rouge, fil., dentelles fleurdelisées, tr. dor. et marbr. (*Belle reliure ancienne.*)

Très-joli et curieux manuscrit du XVIIIe siècle, et d'un grand intérêt historique.

169. LES GRANDES ANNALES ou Cronicques parlans tant de la GRANDE-BRETAIGNE, à présent nomée Angleterre, que de nostre PETITE-BRETAIGNE, de présent érigée en duché. *Nouvellement imprimées*, MD xlI, in-4 gothique, figures sur bois, v. (*Anc. rel.*)

Edition très-rare de ce livre important d'*Alain Bouchard*. Le texte, gothique, est à deux colonnes et orné de curieuses gravures sur bois.

170. L'AUTRICHE, ou mœurs, usages et costumes des habitants de cet empire, par M. Marcel de Serres. *Paris, Nepveu*, 1821, 6 vol. in-12, v. violet, dent., tr. dor.

Charmant ouvrage, orné de 48 gravures représentant plus de 120 personnages différents.

171. LES STEPPES DE LA MER CASPIENNE, le Caucase, la Crimée et la Russie méridionale, voyage pittoresque, historique et scientifique, par Xavier Hommaire de Hell. *Paris, P. Bertrand*, 1843, 3 vol. in-8 et atlas in-fol., demi-rel. mar. rouge à coins, dorés en tête, non rognés.

172. THE SOUTHERN REBELLION being a History of the united states, by William A. Crafts. *Boston*, 1870, 2 vol. in-4, nombreux portraits et gravures, demi-rel. mar. à coins.

Cette histoire de la guerre de l'Amérique du Nord contre le Sud est ornée de beaux portraits des personnages qui ont le plus marqué dans cette guerre.

IV. — NUMISMATIQUE, NOBLESSE, ETC.

173. Traité des monnaies d'or et d'argent qui circulent chez les différents peuples, examinées sous les rapports du poids, du titre et de la valeur réelle, avec leurs diverses empreintes, par Pierre-Frédéric Bonneville. *Paris*, 1806, in-fol., fig., cart., non rogné.

174. Encyclopédie monétaire, ou Nouveau Traité des monnaies d'or et d'argent en circulation chez les divers peuples du monde, avec un examen complet du titre, du poids, de l'origine et de la valeur intrinsèque des pièces et leur reproduction par des empreintes, par Alphonse Bonneville. *Paris*, 1851, in-fol., pl., cart., non rogné.

175. DISCORSO DI M. SEBASTIANO ERIZZO. Sopra le medaglie antiche nuovamente mandato in luce. *Venise*, 1559, vél., dorures sur les plats.

Bel exemplaire, AUX ARMES DE HENRY III, roi de France et de Pologne ; exemplaire très-bien conservé et précieux pour sa reliure historique.

176. PALÆOGRAPHIA critica, auctore Ulrico Friderico Kopp. *Mannhemii*, 1817, 4 vol. in-4, cart.

Ouvrare rare et très-important pour la science paléographique.

177. Légendaire de la noblesse de France, par O. de Bessas de La Mégie. *Paris*, 1865, in-8, demi-rel. chag., non rogné.

178. ARMORIAL UNIVERSEL, par Jouffroy d'Eschavannes. *Paris*, *Curmer*, 1844, 2 vol. in-4, blasons coloriés, demi-rel. mar., dorés en tête, non rognés.

Très-beau livre publié par Curmer, avec blasons peints selon leurs émaux.

179. ARMORIAL GÉNÉRAL DE LA FRANCE, par d'Hozier. *Paris*, *Firmin Didot frères et fils*, 1865, 10 vol. in-fol., mar. r., fil., tr. dor. (*Belz-Niedrée.*)

180. GÉNÉALOGIE DE LA MAISON DE LORRAINE, faite pour ma fille en 1748. *Manuscrit*

du XVIIIe siècle, in-12, maroq. rouge, tr. dorée. (*Anc. rel.*)

Manuscrit d'un grand intérêt nobiliaire, écrit en caractères d'impression, sans doute pour un membre de la famille de Lorraine. Les plats de la reliure portent, en effet, les croix recroisetées de cette maison, dont la généalogie va jusqu'en 1756.

181. ARMORIAL DE BRETAGNE, par Guérin de La Grasserie. *Rennes*, 1845-1848, 2 vol. in-fol., blasons coloriés, cart.

Ouvrage très-estimé, contenant un nombre considérable de blasons en or et couleurs.

182. LA BELGIQUE HÉRALDIQUE, recueil historique, généalogique, etc., de toutes les maisons nobles de Belgique, par Ch. Poplimont. *Paris*, 1866, 11 vol. in-8, demi-rel. chag., dorés en tête, non rognés.

Ce nobiliaire de Belgique, intéressant pour les familles nobles du nord de la France, est classé par ordre alphabétique.

183. Les Écossais en France. Les Français en Écosse, par Francisque Michel. *Londres*, *Trubner et Cie*, 1862, 2 vol. in-4, demi-rel. chagr.

Ouvrage très-intéressant au point de vue de la noblesse écossaise qui vint d'Ecosse s'établir en France.

184. VICTOR HUGO, raconté par un témoin de sa vie. 2 vol. in-8, br., non coupés.

Exemplaire en *grand papier*.

185. MANUSCRIT AUTOGRAPHE DE FANNY, roman, par Ernest Feydeau. In-4, maroq. brun doublé de maroquin vert, avec larges dentelles. (*Petit.*)

Manuscrit authentique, entièrement écrit par Ernest Feydeau, et signé par lui. Des variantes importantes existent dans ce manuscrit d'un roman dont le succès est loin d'être éteint.

186. SERVITUDE ET GRANDEUR MILITAIRES D'ALFRED DE VIGNY.

Manuscrit autographe de la main du grand poëte.

Paris. — *Imp. Gauthier-Villars*, 55, *q. des Gr.-Augustins*. — 2550-74.

www.ingramcontent.com/pod-product-compliance
Lightning Source LLC
LaVergne TN
LVHW020250230826
846091LV00006B/2331

* 9 7 8 2 3 2 9 5 3 1 5 3 3 *